AF296156

NOTICE

SUR

La nécessité de diriger la denture des enfans, les soins que réclament les dents à tous les âges, et les moyens à employer pour prévenir, arrêter ou ralentir les progrès des maladies qui affectent ces organes.

PAR

JOS. P. LÉVÊQUE,

CHIRURGIEN-DENTISTE DES HOSPICES CIVILS DE LA VILLE DE STRASBOURG, ÉLÈVE ET SUCCESSEUR DE FEU SON PÈRE.

STRASBOURG,

De l'imprimerie de F. G. LEVRAULT, imprimeur du Roi.

1823.

A Monsieur le Maire et à Messieurs les Membres de la Commission administrative des hospices civils de la ville de Strasbourg.

MESSIEURS,

Je devois à votre amour pour le bien public, et au zèle que vous mettez à remplir les respectables fonctions que vous vous êtes généreusement imposées, l'hommage que j'ai l'honneur de vous faire d'un opuscule dont le but est de vous imiter en me consacrant au soulagement des malheureux qui souffrent.

Recevez-le, Messieurs, avec la générosité dont vous donnez l'exemple à tous.

J'ai l'honneur d'être avec un profond respect, Messieurs, votre très-humble et très-obéissant serviteur,

LÉVÊQUE.

Réponse de Monsieur le Maire, Président de la Commission, à Monsieur Lévêque, Chirurgien – dentiste des hospices.

MONSIEUR,

Je vous remercie beaucoup de la communication que vous avez bien voulu me faire de la Notice que vous vous proposez de publier. L'intérêt soutenu avec lequel j'en ai fait la lecture, sera certainement partagé par le public, qui, tout en applaudissant à votre zèle, saura apprécier la sagesse de vos conseils et votre instruction dans un art que vous professez d'ailleurs avec autant de succès que de désintéressement.

Recevez, Monsieur, l'assurance de toute ma considération.

DE *KENTZINGER.*

Note de l'auteur. Je prie le public de ne pas imputer à un mouvement de vanité l'insertion de la lettre ci-dessus de M. le Maire, que je considère comme un titre d'encouragement dont ce magistrat m'honore. Les louanges qu'il a la bonté de me donner, je les reporte à la mémoire de feu mon respectable père, de qui je tiens une très-grande partie des connoissances que j'ai acquises, et pour lequel je conserverai toute ma vie les sentimens d'amour filial et de vénération que je dois aux vertus qu'il a pratiquées.

NOTICE

La nécessité de diriger la denture
des enfans, les soins que réclament les dents à tous les âges, et les
moyens à employer pour prévenir,
arrêter ou ralentir les progrès des
maladies qui affectent ces organes.

~~~~~~~~~~~~~~~~~~~~

Mon unique objet, en publiant cet opuscule,
est de rendre les personnes qui le liront plus
attentives à favoriser le développement des
dents dans l'enfance, à les conserver et à en
réparer la perte.

Guidé par le désir d'être utile aux Stras-
bourgeois, mes compatriotes, c'est pour eux
et sous leurs auspices que j'ai recueilli et
que je mets au jour les fruits de mes recher-
ches et de mon expérience ; je n'ai nulle
prétention au titre d'auteur, et moins encore
~~~~~~~~~~~~~~~~~~~~

à celui de puriste. Je soumets avec confiance mes réflexions au public. Mon ambition se borne à être précis, intelligible et utile à toutes les classes de la société, et spéciale-ment aux respectables mères de famille, dont la sollicitude est de conserver la vie et la santé de leurs enfans.

J'écris dans une cité qui abonde en pro-fesseurs et en artistes expérimentés dans l'art de guérir ; je réclame leur indulgente bien-veillance.

Les dents ne sont pas seulement un des plus beaux ornemens du visage ; la nature nous les donne pour un usage plus utile et moins passager que la beauté. Ce sont elles qui com-mencent le travail de la digestion : sous ce rapport chacun doit sentir la nécessité de les conserver dans leur intégrité de forme et de nombre. Le bon état de la bouche et des dents contribue à la santé, en facili-tant la mastication et en aidant à la diges-tion : d'un autre côté, elles rendent la pro-nonciation plus sûre et plus distincte.

Je vais donc chercher à prouver que, sans que l'âge ait contribué à leur perte, une négligence toujours impardonnable dans l'é-

ducation physique des enfans fait de bonne
heure paroître ceux-ci de jeunes vieillards.

La marche lente, pénible et inconstante
de la dentition, nous avertit des maux que
la nature et plus souvent le défaut de soins
nous préparent. La position de chaque dent est
un objet beaucoup plus important qu'on ne
le pense vulgairement : celles qui sont mal
rangées ne présentent plus cette beauté et
ne forment plus cet ensemble qui résultent
de la régularité d'un beau râtelier qui s'em-
boîte d'une manière convenable ; circonstance très-importante pour leur conservation et l'exécution de leurs fonctions. Les
dents mal placées se salissent plus prompte-
ment, par la raison qu'elles sont plus diffi-
ciles à nettoyer, et qu'elles résistent moins
aux différentes affections de la bouche.

Souvent la sollicitude maternelle éloigne
une petite opération indispensable, et ce re-
tard cause dans la bouche un désordre que
l'art ne peut guérir que par des opérations
longues et douloureuses. Tous ces avis de-
vroient suffire pour engager les parens à
éloigner, dans les circonstances nécessaires,
une dangereuse tendresse, qui fait que l'on
rencontre si souvent des dents mal rangées,
qui, comme je l'ai déjà dit, outre l'aspect

désagréable qu'elles présentent, gênent la prononciation et la mastication.

Je sais qu'on est porté à croire que les soins que je vais proposer sont inutiles, puisque les dents viennent la plupart du temps très-bien rangées et sans accidens aux enfans de la campagne, qui ne reçoivent aucun secours de l'art; mais on doit observer qu'à la campagne la force de la constitution permet le plus souvent à la nature de se suffire, tandis qu'il est nécessaire de l'aider toutes les fois qu'elle se trouve ne pas avoir l'énergie convenable. La force de la constitution agit toujours bien, lorsqu'elle est bien dirigée.

Ne pouvant ni réformer les préjugés, ni s'opposer aux usages reçus, on doit au moins faire tout ce que l'art suggère pour prévenir ou arrêter les progrès du mal, qui souvent, dans sa naissance, est facile à réparer; mais qui, négligé quelque temps, laisse des traces profondes et conduit à une décrépitude anticipée.

De telles considérations seront des motifs assez puissans pour l'emporter sur la crainte ou l'insouciance, et détermineront peut-être les personnes chargées de veiller à l'éducation des enfans, à faire visiter souvent la bouche de ces êtres intéressans : c'est sur ce point que j'appelle les soins des parens, que je provoque leur tendresse.

L'éruption des dents commence entre le sixième et huitième mois après la naissance ; ses indices ordinaires sont : la salivation, des insomnies, une soif ardente, la démangeaison et le gonflement des gencives. Une ancienne habitude fait qu'on donne mal à propos aux enfans des corps durs, tels que des hochets de verre ou de métal : ces corps leur sont nuisibles, en ce qu'ils irritent les gencives par leur frottement continuel, et sont bien plus propres à les durcir qu'à les amollir. Il convient plutôt d'employer des substances émollientes, telles qu'une racine de guimauve, de réglisse, des figues, et de frotter de temps à autre les bords des gencives avec du miel.

L'irritation produite dans la bouche par ce travail pénible s'étend quelquefois le long du canal alimentaire, et détermine dès dérangemens dans l'appareil digestif, qui provoquent tantôt un dégoût pour les alimens, tantôt un appétit vorace, la toux, des vomissemens, le flux, la fièvre, des convulsions, etc. Lorsque ces accidens se prolongent, l'enfant perd la force et l'énergie nécessaires pour le développement des dents, et se trouve même souvent entraîné dans un état de marasme ou de consomption qui finit par lui devenir funeste.

Pour faciliter la dentition, il faut développer une constitution robuste, en conservant le bon état de l'appareil gastrique, ce qui dépend en grande partie du mode de nutrition. Pour préparer cette constitution et faciliter le bon état de l'ensemble des organes, il importe de donner à l'estomac le temps de digérer les substances déjà introduites ; sans cette condition on n'obtient pas le chyle qui doit servir au développement et à l'entretien de toutes les parties. Il est donc indispensable de borner l'enfant dans ses repas et de le nourrir avec sobriété. Ce n'est pas la quantité des mets qui nourrit, mais les alimens bien élaborés. Ici la tendresse maternelle est habituellement en défaut. Souvent une légère douleur aux gencives détermine l'enfant à crier ; la nourrice s'empresse de lui donner le sein, croyant aussitôt l'apaiser, ou satisfaire le besoin qu'elle suppose le faire pleurer : lorsque c'est l'irritation des gencives qui porte l'enfant à se plaindre, ce n'est pas le lait introduit dans l'estomac qui le calme, mais le frottement et le liquide émollient qui baigne les gencives ; il convient donc d'employer les moyens que j'ai indiqués page 9.

Le nourrisson, plus attentif qu'on ne le pense vulgairement, apprend bientôt, par la répétition de ces petites scènes, que, pour avoir à téter, il faut crier; par suite la mère finit par croire que son lait ne lui suffit plus, ou qu'il en est dégoûté : alors on cherche à y suppléer par ces bouillies farineuses, souvent mal faites et rarement proportionnées aux organes digestifs de l'enfant.

Au sixième mois, pour soulager la mère, on peut joindre à la nourriture première quelques cuillerées de panade, de crème de pain ou de bouillies, faites ainsi qu'il suit.

La panade se fait avec de la croûte de pain qu'on fait bouillir dans du bouillon gras, puis on la passe à travers un tamis ou un linge. On peut l'aromatiser avec un peu de fleur d'oranger, et l'édulcorer avec du sucre.

La crème se fait de même. On trempe d'abord dans l'eau des croûtes de pain séchées au four; après l'avoir édulcorée on peut y ajouter une pincée d'anis.

Pour la bouillie, on fait sécher la farine avant de la détremper dans le lait, et en la cuisant il faut éviter qu'elle devienne trop épaisse, etc.

Il faut aussi faire faire aux enfans tout l'exercice dont ils sont susceptibles, avoir soin de ne les gêner dans aucun de leurs mouvemens, et leur faire contracter l'habitude de dormir toute la nuit.

Par ces règles simples et faciles de l'hygiène on parvient à développer une bonne organisation, et à corriger la constitution vicieuse que l'enfant peut avoir apportée en naissant; par là on diminue la gravité des maladies qui affectent le jeune âge, parmi lesquelles les accidens qu'occasionne le travail de la dentition ne sont pas les moins redoutables.

Le remplacement des dents dites de lait mérite encore une plus grande surveillance, car celles qui leur succèdent, doivent nous servir toujours; chez les enfans des villes, ce travail, fréquemment pénible, exige des soins plus ou moins assidus. Lors de la pousse des secondes dents, il faut enlever les premières au moment convenable, lorsqu'elles ne tombent pas d'elles-mêmes, parce que leur présence empêche celles qui doivent leur succéder de se développer, et les force même à prendre une direction vicieuse et irrégulière.

Il y a aussi un très-grand inconvénient à

les extraire trop tôt, parce qu'elles contribuent à la solidité des secondes, et favorisent
le développement de la mâchoire, qui est
nécessaire pour qu'elles puissent se ranger.
Ainsi, en négligeant d'extraire les premières
dents à l'époque fixée par la nature, ou par
la marche que tient la seconde période de
la denture, il peut survenir des diffor-
mités plus faciles à prévenir qu'à corriger.
Quelquefois les secondes dents prennent
un développement proportionnément plus
grand ou plus rapide que celui des mâchoires : alors les dents, ne pouvant se ranger, se
serrent l'une contre l'autre, se tournent de
côté, se croisent ou se dirigent en différens
sens. Dans ce cas, lorsque le contour de la
mâchoire est trop petit pour contenir les
seize dents, on est quelquefois obligé, pour
qu'elles se placent régulièrement, d'en ôter
une ou plusieurs ; lorsque cette opération a
été faite à temps, on ne s'aperçoit pas de
cette perte.

C'est par suite d'une négligence semblable
que des personnes disent avoir une double ran-
gée de dents ; car, ou celles de lait ne sont
pas tombées, ou la mâchoire, ne pouvant contenir le nombre complet des dents, en a fait
dévier soit en dedans soit en dehors. Ce sont

le plus ordinairement les canines qui éprouvent ce déplacement, parce qu'il arrive quelquefois que les petites molaires de lait résistent au développement de la canine, qui dèslors est forcée de prendre une autre direction : voici un des cas où l'extraction de la petite molaire est urgente.

Quand les canines sont inclinées en dedans, elles gênent les mouvemens de la langue et la blessent; étant inclinées en dehors, elles soulèvent la lèvre supérieure et se présentent comme deux défenses : à la mâchoire inférieure, elles font faire une saillie plus ou moins prononcée à la lèvre, et lors du jeu de ces parties la personne semble faire des grimaces qui déparent cette belle partie de la physionomie.

L'extraction des dents placées ainsi est toujours difficile et plus ou moins dangereuse: d'ailleurs, ces dents, étant à leur place respective, sont d'un très-grand secours pour la mastication; car leurs fonctions sont de déchirer les alimens, les incisives servant seulement à les diviser, et les molaires à les triturer.

En surveillant la denture entre les sixième, septième et huitième années, époques où les dents se renouvellent, on peut éviter tous

ces inconvéniens, en dirigeant leur marche
jusqu'à l'âge de quatorze ans environ, temps
où les vingt-huit dents doivent être sorties.
Alors, par les différentes ressources que présente l'art du dentiste, on peut leur donner une bonne direction, et épargner aux
enfans, la plupart du temps, des opérations
extrêmement douloureuses.

Les dents dites de sagesse, qui complètent le
nombre de trente-deux, ne paraissent qu'entre
vingt ou trente ans, quelquefois plus tard;
quelquefois même elles ne paraissent pas. Leur
sortie cause souvent des douleurs, surtout
quand elles se trouvent pressées par les
autres; alors elles percent du côté interne
de la bouche, ou se jettent du côté de la
joue. Ce travail occasionne parfois une telle
irritation, qu'il survient des maux de tête ou
d'oreilles (*céphalalgie* ou *otalgie*) très-inten-
ses, et souvent des fluxions si fortes qu'elles
empêchent de desserrer les dents, ce qui
fait que l'administration des remèdes est plus
ou moins difficile. Il est donc prudent de
consulter un homme de l'art avant que la
maladie ait fait des progrès, afin de faciliter
l'éruption de la dent. Ces affections ne cèdent
d'ordinaire que lorsque la dent s'est fait jour
au travers des gencives.

La salive, souvent de mauvaise qualité, et les alimens se logent entre les dents, et, lorsque celles-ci sont trop serrées, ils y séjournent, se décomposent et contribuent, par leur putréfaction, à les carier. La carie est la maladie la plus fréquente et une des plus graves des dents, parce qu'elle opère la destruction graduelle de celles affectées, et cause des douleurs, non pas par elle-même, puisqu'elle est insensible, mais parce qu'elle met à découvert le canal dentaire et que par là elle permet l'introduction de l'air, qui irrite la membrane qui le tapisse et qui communique intimement avec le nerf dentaire. Une foule de causes la déterminent. Les unes dépendent de la constitution physique du sujet, de ses dispositions pathologiques héréditaires, de ses habitudes fluxionnaires, qui dérivent de la variété des saisons et de la température. L'habitude de se laver la tête avec de l'eau froide, occasionne quelquefois des douleurs de dents rhumatismales, des migraines, des fluxions. Les pommades et essences qu'on emploie pour teindre les cheveux, étant très-astringentes, s'opposent à la transpiration du cuir chevelu, et portent par là une atteinte directe à l'organe dentaire.

Les autres causes sont, les coups, les chutes, les efforts violens pour rompre des corps durs; l'application inconsidérée des acides, et comme alimens et surtout comme moyens dentifrices, parce qu'ils détruisent l'émail et altèrent les gencives; l'usage habituel des sucreries, etc.

Lorsque la maladie a son siége à l'extérieur de la dent, son premier symptôme est une légère tache brune ou noire, que l'on remarque sur le côté de la dent, au point de contact avec la collatérale, et l'émail prend une teinte bleuâtre; d'autres fois elle se manifeste près du collet de la dent (vers les gencives) ou au sommet de la couronne des molaires : ce petit point noirâtre finit par se creuser, et la dent devient sensible à l'impression du chaud et du froid.

La carie et tous les accidens qu'elle entraîne, n'ont lieu que dans l'enfance, la jeunesse et l'âge mûr; il est assez rare de la voir se manifester passé l'âge de cinquante ans.

Parmi les incommodités qui en résultent, il en est une qui est souvent désagréable pour le malade et insupportable à ceux qui l'approchent de près; c'est cette odeur fétide qu'occasionne le suintement putride qui provient de la cavité de la dent, ou des alimens qui s'y sont amassés et corrompus.

On peut prévenir cette affection fâcheuse dans ses suites, en la signalant de bonne heure. Dans sa première période, il est nécessaire de se servir de la lime ; par son moyen on enlève la tache, et lorsqu'elle a déjà fait des progrès, cette opération les ralentit et préserve la dent voisine, parce qu'en se servant du cure-dent et en se rinçant la bouche après les repas, on emporte toutes les parcelles d'alimens qui pourroient séjourner dans ces petites cavités.

Lorsqu'une petite ouverture est formée, on la remplit de plomb ou d'un autre métal : par cette opération la personne est exempte de douleurs, et elle conserve sa dent jusqu'à un âge avancé, sauf à la faire replomber, si le métal en est sorti, ce qui arrive quelquefois, attendu que cette opération n'arrête pas constamment les progrès de la maladie, surtout lorsque la carie est déjà avancée. Le but de cette opération est d'éviter l'action de l'humidité, le séjour des alimens et le contact de l'air, qui affectent considérablement le tissu de la dent.

Il y a une maladie qui rend les dents sensibles et par suite chancelantes, sans qu'à l'extérieur on aperçoive nulle trace de carie : ces dents produisent de fréquentes fluxions.

Quand la maladie ne cède pas aux différens remèdes indiqués et que les fluxions se réitèrent à la moindre intempérie, il est prudent de faire extraire la dent ou les racines malades, parce que dans ce cas il se forme ordinairement au sommet de la racine un kyste ou *sac purulent*, qui, parvenu à sa maturité, se fait quelquefois jour à l'extérieur pour donner issue à la matière qu'il renferme; cette suppuration finit même par altérer l'alvéole: dans ces cas aucun topique n'opère la guérison, attendu qu'il faut ici, comme dans toutes les maladies, enlever la cause du mal. Il est donc préférable de se décider à l'opération avant que cette ouverture fistuleuse s'établisse, puisque, pour sa cure, l'extraction de la dent devient indispensable: quand on diffère cette opération, on a le désagrément d'une cicatrice plus ou moins désagréable, suivant sa position, et qui fait soupçonner une tout autre maladie. Ici, je puis dire qu'il est douloureux pour le dentiste qui désire conserver les charmes de la physionomie et les dents, de ne se voir consulter que lorsque la fistule existe, ou que la carie des dents a fait de si graves progrès qu'il ne lui reste pour ressource que leur extraction.

Il est des causes qui occasionnent des maux

de dents de nature rhumatismale et gout-
teuse, qui, s'éloignant de leur siége habituel,
se fixent à la tête, aux mâchoires, et déterminent aux dents des douleurs qui trompent
tellement les malades, que souvent ils se font
extraire des dents saines qui n'étaient affectées que sympathiquement. Cet accident arrive souvent au sexe dans l'état de grossesse,
époque où il doit redoubler ses soins pour la
denture. Cet état porte assez fréquemment
sa réaction sur la bouche. Souvent ce n'est
qu'une affection nerveuse : si, espérant du
soulagement, la personne se met entre les
mains d'un opérateur inconsidéré, sans au-
cune raison il opère l'extraction de la dent
qui lui est indiquée ; alors, outre la perte
qu'elle fait de sa dent, elle a la douleur de
voir reparoître le mal peu de temps après.
C'est probablement une erreur semblable qui
fait dire vulgairement que chaque couche
coûte une dent.

Après avoir démontré, quoique très-suc-
cinctement, l'utilité du développement et de
l'arrangement symétrique des dents, il est de
mon devoir d'enseigner la marche à suivre
pour les conserver en bon état.

Les dents réclament l'exercice de leurs
fonctions, attendu, 1.°, que les organes qui

sont exercés, acquièrent plus de force et se conservent dans un meilleur état de santé ; 2.° que l'acte de la mastication entretient les dents plus propres, en empêchant le tartre de s'y amasser ; 3.° que les dents s'usent par cette fonction, de manière qu'en ne mâchant que d'un côté les dents ne s'usent que de ce côté : dès-lors les arcades dentaires finissent, à la longue, par ne plus se rencontrer d'aplomb, circonstance très-nécessaire pour faire subir aux alimens la préparation préliminaire de leur digestion. Si c'est la sensibilité d'une dent cariée qui rend la mastication incomplète, si elle ne présente pas de ressources de conservation, il ne faut pas hésiter à la faire extraire.

Il est également nuisible aux dents de faire succéder aux alimens chauds des boissons très-fraîches, et *vice versa*, parce que tout passage brusque de température, à force d'être répété, finit par altérer la substance organique des parties. A ce vieil adage qui dit que *le verre de vin qu'on boit immédiatement après la soupe, ôte un écu de la poche du médecin*, on peut ajouter : *mais en met un dans celle du dentiste*. Après avoir introduit et maintenu dans la bouche des substances au-dessus de sa température habituelle,

il est bon de laisser refroidir les dents avant
de boire.

Les amateurs de la pipe sont exposés à la
même intempérie, parce qu'ayant la bouche
et les dents échauffées par la fumée, ils boi-
vent de la bière qui, pour l'ordinaire, est
extrêmement fraîche.

Ils doivent aussi avoir la précaution de
garnir le bout du tuyau avec du fil; car le
frottement et la pression qu'ils exercent pour
le tenir, use les dents à la longue et finit
par en découvrir les parties sensibles.

Il en est qui fument le matin au sortir du
lit et avant de s'être nettoyé les dents : la fumée donne alors une teinte jaune au limon
qui s'est formé pendant le sommeil, et favo-
rise la dessiccation de cette sécrétion. Il seroit
à propos de nettoyer les dents avant et
après avoir fumé. D'ailleurs la fumée en ter-
nit l'émail.

Il y a une habitude pernicieuse pour les
dents et la bouche, c'est celle de mâcher
du tabac. Quand il fait l'office de médica-
ment, il devient salutaire; mais, quand on
le mâche par manie et sans aucun but, il ne
peut produire d'autre effet que d'infecter
l'haleine. Je pense donc qu'on ne devroit
pas sacrifier la fraîcheur de la bouche à un

objet de caprice si contraire à la propreté. D'ailleurs, dans les différentes sauces préparatoires de la fabrication de cette plante, il entre des acides plus ou moins forts, qui jaunissent les dents, leur font perdre leur éclat, et corrodent les gencives.

Les personnes délicates, celles qui ont l'estomac paresseux, celles qui sont sujettes aux affections catarrhales de la bouche, celles qui l'ont habituellement échauffée, aphtheuse, etc., doivent en prendre un soin particulier: le plus souvent chez elles la salive présente un très-grand caractère d'âcreté, et dépose sur les dents une couche de tartre plus ou moins épaisse. C'est aussi une cause qui tend d'une manière plus ou moins prompte à la carie. De plus, le tartre est nuisible, en ce qu'il cherche continuellement à se prolonger du côté du collet, en refoulant les gencives, qui se détachent des dents, ce qui les déchausse et les prive de leur solidité.

Les personnes chez lesquelles le tartre se sécrète encore facilement, sont celles qui ont les gencives pâles, d'un rouge terne, livides, molles et saignantes. Celles qui manipulent le mercure, les doreurs et autres, sont sujettes à l'engorgement des gencives et à la mobilité des dents, si elles n'ont

soin de se laver la bouche et les dents avec
de l'eau un peu aromatisée : celles qui tra-
vaillent le cuivre, finissent par les avoir ver-
tes, si elles n'usent des mêmes précautions.
Celles qui mangent des sucreries, doivent,
ensuite, se rincer la bouche, pour enlever le
suc visqueux qui s'attache aux dents et qui
en altère l'émail.

J'invite aussi les dames à éviter de couper
le fil avec les dents, et à perdre la pernicieuse habitude de se servir de cure-dents de
métal, d'épingles, aiguilles, etc., qu'elles portent machinalement à la bouche : ces corps
ont l'inconvénient de les rayer et, par là,
attaquent leur émail.

Le tartre est un phosphate de chaux mêlé
de substances muqueuses et glaireuses, pro-
duites par les exhalaisons de l'estomac, la
transpiration pulmonaire, la salive, et les
autres sucs de la bouche, qui humectent
sans cesse cette partie. Il durcit comme un
mastic, repousse et détruit les gencives, et
devient quelquefois si envahissant qu'il re-
couvre toute la denture. Comme il est très-
nuisible aux dents et aux gencives, on ne
doit point hésiter à le faire ôter. Je serais
jaloux de parvenir, par ces observations, à dé-
raciner les anciens préjugés de certaines per-

sonnes, qui croient qu'en portant des instrumens d'acier sur les dents on les ébranle, ou
en enlève l'émail : ces accidens n'auront pas
lieu si l'opérateur est adroit et expérimenté.

Si l'on avoit la précaution de se faire visiter
la bouche deux fois par an, le dentiste auroit
l'avantage d'enlever la première couche de
tartre sans employer d'efforts; de signaler
dès le principe les différentes altérations qui
peuvent survenir aux dents, et de les arrêter,
principalement la carie; car il en est peu qui
ne puissent être bornées, lorsqu'elles com-
mencent seulement à se manifester.

Pour maintenir les dents propres, il faut se
servir d'une brosse douce, que l'on passe
verticalement sur les dents, parce qu'en s'en
servant horizontalement, comme on a l'habitude de le faire, on tend à détacher la gen-
cive, qui s'avance en cône entre elles, et on
chasse dans leurs interstices le limon que l'on
désire enlever. Il est avantageux de se servir
de temps en temps d'une poudre ou d'un
opiat dentifrice, mais dont le choix ne doit
pas être une chose indifférente. Il faut se dé-
fier de la plupart des préparations qui se ven-
dent dans le commerce; elles sont communé-
ment faites par des personnes qui n'ont au-
cune idée des précautions qu'il convient de

prendre pour la conservation des dents, de sorte que les substances qui entrent dans leur composition sont souvent plus propres à en altérer l'émail qu'à le conserver. Dans une grande partie de ces poudres et opiats il entre de la crème de tartre, qui est un *tartrite de potasse avec excès d'acide*; du sel d'oseille, qui est un *oxalate de potasse très-acide*, etc. D'après la nature des dents, qui sont formées de phosphate et de carbonate de chaux, l'usage des acides ne peut manquer de les altérer; on s'aperçoit de la sensibilité qu'ils produisent sur elles par leur agacement: d'ailleurs les résultats chimiques nous prouvent qu'elles se dissolvent complétement dans les acides concentrés.

Les acides blanchissent l'émail, mais toujours aux dépens de sa substance; ils détruisent son poli, sa solidité, et lui donnent, à la longue, une couleur jaune indélébile.

Quand les préjugés perdront-ils leur empire, ou plutôt quand le charlatanisme sera-t-il foudroyé ? Si ces sortes de drogues, inventées par l'ignorance et débitées par la cupidité, ne préjudicioient pas à la santé, je laisserois la crédulité être la dupe du charlatanisme. Mais, quand je vois une bouche délabrée, ulcérée; des dents calcinées et condamnées à une chute prochaine par l'emploi de ces remèdes, qui, au lieu d'être conservateurs, sont trop souvent destructeurs, ne dois-je pas, par amour pour l'humanité, par devoir même, m'élever contre la foiblesse des personnes qui ajoutent si légèrement foi à toutes ces nouvelles inventions?

C'est aux dames surtout que je soumets mes avis et mes conseils, dictés par le désir de leur conserver l'agrément d'une belle denture, dont elles connoissent mieux que moi le précieux avantage, qu'elles savent si bien faire valoir.

Des personnes se servent de charbon pilé, de pain ou de papier brulé. Ces substances ne sont nullement nuisibles; elles n'ont d'autre inconvénient que d'avoir une couleur et une saveur désagréables, et de ne pas suffire pour l'entretien de la propreté.

Les personnes qui ont le bonheur de posséder de bonnes dents, ne sauroient prendre trop de soin pour les conserver, et on a toujours grand tort d'abuser de leur force en rompant des corps durs; les violens efforts des mâchoires contribuent à les ébranler, et font sauter de petites portions de leur émail : d'ailleurs une dent peut se rompre dans un effort dirigé à faux. C'est quand on est privé des avantages d'un beau et bon râtelier, qu'on en connoît tout le prix. Pour en prouver encore mieux l'utilité, je vais ajouter quelques réflexions sur les désordres qu'entraîne sa perte.

1.º La moindre brèche, qui par elle-même est désagréable et dépare les plus belles bouches, est une disgrace à laquelle personne ne doit être insensible; il est vrai qu'elle est plus ou moins fâcheuse, suivant le sexe, l'âge et la condition.

2.º La prononciation est toujours moins nette; le son de la voix et le chant se ressentent encore plus de cette dégradation, parce que l'air expiré, poussé par les mouvemens de la langue, ne trouve plus ces petits os contre lesquels il doit se briser pour produire ces inflexions et ces modulations qui font tout l'agrément et toute la justesse du chant et de la prosodie.

3.º L'embarras de la prononciation augmente encore par la gêne ou la contraction des lèvres, soit qu'elles se resserrent d'elles-mêmes, soit qu'on affecte de les resserrer en parlant, chantant ou riant, pour ne pas laisser voir un vide qui choque la vue.

4.º Comme la bouche est continuellement humectée par la salive, dont la sécrétion augmente en parlant, la plus petite brèche fait déborder cette liqueur et la fait jaillir, ce qui fait redouter notre approche.

Tous ces désavantages peuvent se réparer; car il est peu de parties du corps qui se remplacent aussi avantageusement que les dents. Il est des cas où les dents artificielles tiennent parfaitement lieu de dents naturelles, tant sous le rapport de la ressemblance, que sous celui de la prononciation; de plus, on peut les fixer tellement qu'elles servent très-bien à la mastication, toutefois différence gardée entre dents artificielles et dents naturelles.

Les personnes qui ont des pièces artificielles, doivent les tenir propres; sans quoi elles ne tardent pas à se couvrir de tartre et finissent par s'altérer, se noircir et se corroder, parce qu'elles ne contiennent pas la force vitale qui s'oppose à leur décomposition : il faut donc les ôter au moins deux fois l'an, pour les rapproprier et les examiner; avec ce soin elles dureront plus long-temps, et le dentiste sera à même de découvrir s'il y a quelque dérangement, et d'y remédier souvent par une légère opération.

D'après ce qui vient d'être dit sur l'urgence de diriger, dans certains cas, la denture dans sa marche et de la soigner, j'ai l'honneur de proposer un abonnement par le moyen duquel je m'engage à visiter, autant de fois que le cas l'exigera, la bouche des enfans qu'on voudra bien me confier : par cette inspection et par les secours de mon art, je préviendrai, au moins en grande partie, tous les désordres; et j'ose garantir de procurer à la bouche, foyer où se préparent sans cesse nos moyens de conservation, des instrumens qui rempliront leurs fonctions convenablement, et de les conserver jusqu'à un âge avancé, parce que je signalerai au premier abord les maladies qui affectent ces organes et y remédierai aussitôt.

Je fais la remarque que les opérations, ainsi que le premier traitement, ne sauroient être compris dans l'abonnement, parce que je pourrai être obligé de faire de grandes réparations. Je m'en rapporte à cet égard à la générosité des personnes qui m'honoreront de leur confiance, promettant de ne rien négliger pour m'en rendre digne.

Si par cette petite instruction je puis engager mes compatriotes à avoir un peu plus de soin de leur denture, et à être plus circonspects sur l'emploi des différentes préparations dentifrices accréditées par le com-

merce, j'aurai la satisfaction d'avoir été utile :
il ne me reste plus que des vœux à former pour
que des moyens aussi sûrs et aussi simples
ne soient pas négligés plus long-temps. Comme
j'ai offert gratuitement les secours de mon
art à toute personne indigente, je réitère les
mêmes offres, et invite les parens qui pourroient se trouver dans ce cas, de ne pas épargner à leurs enfans les secours qui dépendent
de mon ministère : mon amour pour le bien
public est mon seul guide à cet égard.

Je prie les personnes qui désirent être com-
prises dans l'abonnement que je propose,
d'avoir la complaisance de m'envoyer leur
adresse.

Je loge